Petit monde vivant

Les rorquals

Bobbie Kalman et Karuna T

Traduction : Lyne Mondor

Les rorquals est la traduction de The Life Cycle of a Whale de Bobbie Kalman et Karuna Thal (ISBN 0-7787-0683-4).
© 2002, Crabtree Publishing Company, 612 Welland Ave., St. Catherines, Ontario, Canada L2M 5V6

Catalogage avant publication de Bibliothèque et Archives Canada

Kalman, Bobbie, 1947-

    Les rorquals

    (Petit monde vivant)
    Traduction de: The life cycle of a whale.
    Pour enfants de 6 à 10 ans.

    ISBN 2-89579-049-3

1. Baleines - Cycles biologiques - Ouvrages pour la jeunesse. 2. Baleine à bosse - Cycles biologiques - Ouvrages pour la jeunesse. 3. Baleines - Ouvrages pour la jeunesse. I. Thal, Karuna. II. Titre. III. Collection: Kalman, Bobbie, 1947-   . Petit monde vivant.

QL737.C4K35214 2005   j599.5'2   C2005-940823-5

Nous reconnaissons l'aide financière du gouvernement
du Canada par l'entremise du Programme d'aide au
développement de l'industrie de l'édition (PADIÉ)
pour nos activités d'édition.

Conseil des Arts   Canada Council
du Canada   for the Arts

Bayard Canada Livres remercie
le Conseil des Arts du Canada du soutien
accordé à son programme d'édition dans
le cadre du Programme des subventions globales aux éditeurs.
Cet ouvrage a été publié avec le soutien de la SODEC.
Gouvernement du Québec – Programme de crédit d'impôt
pour l'édition de livres – Gestion SODEC.

Dépôt légal – 3ème trimestre 2005
Bibliothèque nationale du Québec
Bibliothèque nationale du Canada

Direction : Andrée-Anne Gratton
Traduction : Lyne Mondor
Graphisme : Richard Bacon
Révision : Marie Théorêt

© Bayard Canada Livres inc., 2005
4475, rue Frontenac
Montréal (Québec)
Canada H2H 2S2
Téléphone : (514) 844-2111 ou 1 866 844-2111
Télécopieur : (514) 278-3030
Courriel : redaction@bayardjeunesse.ca

Imprimé au Canada

www.petitmondevivant.ca

Sur le site Internet :

Fiches d'activités pédagogiques
en lien avec tous les albums
des collections Petit monde vivant
et Le Raton Laveur

Catalogue complet

Table des matières

Qu'est-ce qu'un rorqual ?

Les dauphins sont des baleines à dents.

Les rorquals ressemblent à des poissons. En fait, ce sont d'énormes mammifères marins de l'ordre des **cétacés**. Les mammifères marins vivent dans les océans. Comme tous les mammifères, les cétacés sont des animaux à sang chaud. Cela signifie que la température de leurs corps est constante, que leur environnement soit chaud ou froid. Les cétacés sont divisés en deux sous-ordres : les odontocètes, qui sont des baleines à dents, et les mysticètes, qui sont des baleines à fanons. Les plus grosses baleines de la planète sont les baleines à fanons.

Les rorquals à bosse, aussi appelés baleines à bosse, sont des baleines à fanons. En observant la taille du plongeur nageant sous le menton de ce rorqual à bosse, tu constateras que l'animal est gigantesque.

Les baleines à fanons

Parmi les baleines à fanons, on distingue les baleines franches et les rorquals. Les rorquals boréaux, les rorquals à bosse et les rorquals bleus sont tous des baleines à fanons du groupe des rorquals. À la place de dents, ces baleines ont des fanons suspendus à la mâchoire supérieure. Ces fanons sont composés de la même substance que nos ongles. Les fanons ressemblent aux poils effilochés d'une brosse. Les proies restent emprisonnées dans ces poils.

fanons →

rorqual boréal

sillons ventraux

rorqual à bosse

Des milliers de minuscules crustacés – le krill – restent prisonniers des fanons. Les fanons ressemblent aux crins d'un balai.

Une grosse gorgée !

Pour se nourrir, le rorqual laisse entrer une énorme quantité d'eau de mer dans sa gueule. Les sillons ventraux de sa gorge s'étirent pour emmagasiner l'eau. Avec sa langue, le rorqual pousse ensuite l'eau hors de sa gueule. Tous les petits poissons et le krill qui se trouvaient dans l'eau restent alors prisonniers de ses fanons. Le rorqual avale ensuite ses proies.

krill

Les rorquals à bosse laissent parfois échapper des bulles qui encerclent et emprisonnent leurs proies. Les bulles jouent le rôle d'un énorme filet de pêche.

Quand il remonte à la surface pour respirer, le rorqual à bosse laisse échapper un gros jaillissement d'air et une pluie de gouttelettes d'eau. Ce jet de vapeur brumeux peut être aperçu de très loin.

Le majestueux rorqual à bosse

Les rorquals à bosse sont les cinquièmes plus grosses baleines. Les femelles adultes mesurent de 14 à 16 mètres de long. Les mâles, légèrement plus petits, mesurent de 13 à 15 mètres. Tous les rorquals sont fusiformes. Leur corps cylindrique effilé à chaque extrémité leur permet de se propulser aisément dans l'eau. On sait très peu de choses sur les rorquals à bosse et les autres grandes baleines. Il est difficile de les étudier, car elles vivent dans les profondeurs des océans et se déplacent constamment. La plupart des renseignements que nous possédons sur les baleines proviennent des personnes qui les observent. Les scientifiques utilisent ces renseignements pour étudier le comportement des baleines.

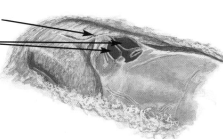

crête médiane

évents

Les rorquals à bosse et les autres baleines ont deux évents qu'ils ouvrent pour respirer.

(à gauche) La crête médiane est la zone surélevée près des évents. Elle empêche l'eau de pénétrer dans les orifices quand le rorqual respire.

Son vrai nom

Le nom commun du rorqual à bosse lui vient de sa manière de nager. Son dos arqué sort de l'eau, comme le montre la photo ci-dessous. Le nom scientifique, ou latin, de cette baleine est *Megaptera novaeangliae*, ce qui signifie « longues ailes de la Nouvelle-Angleterre ». De toutes les baleines, les rorquals à bosse ont les nageoires pectorales les plus longues. Elles peuvent mesurer plus de 4,5 mètres. Sous l'eau, ces nageoires ressemblent à des ailes.

« Kohola » est le mot hawaïen qui désigne les rorquals à bosse. Plusieurs rorquals à bosse passent l'hiver dans les eaux hawaïennes.

Qu'est-ce qu'un cycle de vie ?

Tous les animaux traversent une série de changements appelée *cycle de vie*. Ils franchissent tous les mêmes étapes : l'éclosion ou la naissance, la croissance, puis la transformation en adulte. À l'âge adulte, les animaux s'**accouplent** en vue d'assurer une progéniture. Voyons plus en détail le cycle de vie des rorquals à bosse.

Naître sous l'eau

Les rejetons des rorquals à bosse et des autres baleines se développent dans le corps de leur mère. Cette période de développement est appelée la gestation. Les rorquals sont **vivipares**, ce qui signifie que le corps du baleineau est entièrement formé à la naissance. Leur croissance est rapide. Ils deviennent des adultes au bout de quatre à huit ans.

De longs voyages

Le cycle de vie des rorquals à bosse est ponctué de longs voyages appelés **migrations**. Pendant une partie de l'année, les rorquals à bosse vivent dans les eaux glaciales de l'Arctique. Chaque hiver, ils migrent vers les eaux chaudes des régions tropicales.

Pourquoi migrer ?

Sous leur peau, les rorquals à bosse adultes ont une épaisse couche de graisse. Cette graisse, appelée *gras de baleine*, garde leur corps au chaud dans les eaux froides. Mais les baleineaux ont peu de graisse. S'ils naissaient dans les eaux glaciales, ils gèleraient ! Les rorquals à bosse migrent afin que leurs petits puissent naître dans des eaux plus chaudes.

L'espérance de vie

L'espérance de vie est la durée moyenne de la vie d'un animal selon son **espèce**. Les scientifiques ne savent pas avec précision combien de temps peuvent vivre les rorquals à bosse. Ils pourraient vivre de 30 à 40 ans.

Les baleineaux naissent dans les eaux tropicales, comme celles bordant le Mexique et Hawaï.

De longues migrations

Les rorquals à bosse se trouvent dans tous les océans, mais ils changent de lieu selon la saison. Chaque année, ils parcourent plus de 11 000 kilomètres ! Durant l'été, les rorquals à bosse vivent dans les eaux froides du pôle Nord ou du pôle Sud. En automne, ils se dirigent vers les **aires de reproduction**. Dans ces eaux tropicales, ils donneront naissance à leurs petits. Au printemps, ils retournent dans les **aires de ravitaillement**. Observe la carte ci-dessous pour découvrir les routes migratoires que les rorquals à bosse parcourent chaque année.

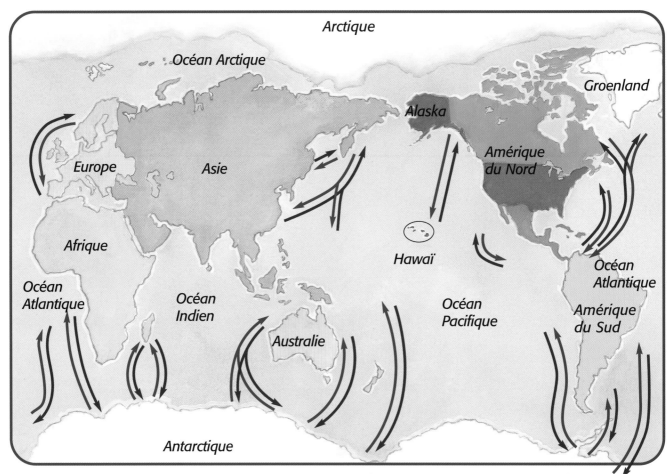

Les flèches rouges indiquent les routes migratoires vers les aires de reproduction. Les flèches bleues correspondent aux routes migratoires en direction des aires de ravitaillement. Pour atteindre les aires de reproduction, les rorquals à bosse vivant au nord voyagent vers le sud, et vice versa.

Comment se dirigent-ils ?

Les scientifiques pensent que les rorquals à bosse s'orientent grâce à divers indices de leur environnement. Il est possible que les courants océaniques, les changements de température des eaux et la position des étoiles permettent aux rorquals de trouver leur chemin quand ils quittent les aires de reproduction ou qu'ils y retournent.

Des boussoles intégrées

Dans le cerveau des rorquals à bosse se trouve une substance appelée *magnétite*. La magnétite agit comme une boussole. Elle aide ces rorquals à percevoir les variations du **champ magnétique** de la Terre. Cela leur permet de repérer la direction qu'ils doivent suivre.

Un baleineau est né

Le baleineau de la photo ci-dessus a environ deux jours. À leur naissance, les baleineaux ont une coloration gris pâle.

Chaque hiver, les rorquals à bosse s'accouplent dans les aires de reproduction. L'année suivante, les femelles donnent naissance à leur petit dans ces mêmes eaux. Personne n'a jamais assisté à la naissance d'un rorqual à bosse. En captivité, les bébés dauphins naissent en présentant leur queue en premier. Les scientifiques croient donc que les autres cétacés naissent de la même façon. Le rorqual à bosse femelle donne naissance à un petit tous les deux ou trois ans. Il arrive cependant qu'une femelle donne naissance à un autre petit un an seulement après la naissance de son dernier baleineau.

Un lieu sécuritaire

Pour mettre bas, la femelle choisit un lieu situé près des côtes, à l'écart des bateaux, des requins et des rorquals à bosse mâles. Elle s'installe en eau peu profonde pour permettre à son petit de remonter rapidement à la surface afin de respirer. Après l'accouchement, la mère et son baleineau restent près de la côte. Ils se reposent pendant une semaine environ.

De la taille d'une nageoire

À la naissance, le baleineau pèse plus de 1 300 kilos. Il est à peu près de la même taille que les nageoires pectorales de sa mère. Sa peau est beaucoup plus claire que celle d'un rorqual adulte.

Pour aider son petit à respirer, la mère le soulève jusqu'à la surface.

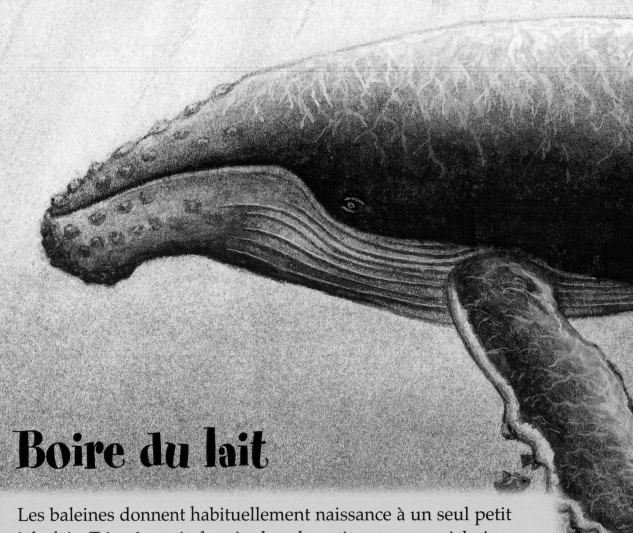

Boire du lait

Les baleines donnent habituellement naissance à un seul petit à la fois. Très tôt après la mise bas, le petit commence à boire le lait que produit le corps de sa mère. Ce sont les **glandes mammaires** de la femelle qui produisent le lait destiné à l'alimentation du baleineau. Pour allaiter son petit, la mère contracte ses puissants muscles et projette le lait directement dans sa gueule. Le baleineau boit aussi longtemps qu'il est capable de retenir son souffle, environ trois minutes. Il boit en moyenne 40 fois par jour.

Le lait de la baleine

Le baleineau boit entre 400 et 600 litres de lait par jour !
Le lait des baleines est très épais et contient deux fois plus de
protéines que le lait de vache. Le lait que nous buvons contient
généralement 1 ou 2 % de matières grasses. Celui de la baleine
en contient 50 % ! Le lait de la baleine est riche afin que la
croissance de son petit soit rapide. Le baleineau peut ainsi
emmagasiner des réserves de graisse avant d'accomplir son
voyage vers les aires de ravitaillement.

Près de maman

Le baleineau reste très près de sa mère. Sauf bien sûr quand il boit, il nage presque toujours au-dessus d'elle. Dans cette position, le petit peut voyager sur la tête ou le dos de sa mère, ou s'accrocher à elle avec l'une de ses nageoires (voir la photo de la page 9).

Après quelques minutes sous l'eau, le baleineau doit respirer. Sa mère peut retenir son souffle beaucoup plus longtemps. Pour aller respirer, le baleineau doit nager seul jusqu'à la surface. Il redescend ensuite rapidement pour retrouver sa mère.

Les mères protègent leur petit contre les prédateurs, tels que les épaulards et les requins. Quand un prédateur cherche à attaquer son petit, la mère réagit en remuant sa queue vigoureusement, en donnant des coups avec ses nageoires et en tournoyant. Après avoir bu son lait, ce baleineau nage en toute quiétude entre les nageoires pectorales de sa mère.

Ce baleineau se laisse porter sur le dos de sa mère.

Le baleineau grandit

Le baleineau grandit d'environ 30 centimètres par mois. Il développe alors une épaisse couche de graisse. Quand vient le temps de délaisser les aires de reproduction, le baleineau mesure la moitié de la taille de sa mère et pèse plus de 10 000 kilos. Mais il a encore beaucoup à apprendre avant d'entreprendre son long voyage !

Ce rorqual à bosse se propulse à l'extérieur de l'eau, exécutant une « sortie en brèche » majestueuse.

Nager et respirer

Durant sa croissance, le baleineau s'entraîne à nager. Il se prépare à accomplir son premier long voyage. Accompagné de sa mère, il commence aussi à descendre dans les eaux profondes. Mais pour plonger en profondeur, le baleineau doit s'entraîner à retenir son souffle plus longtemps. Sa mère est capable de rester sous l'eau plus de 20 minutes sans respirer !

pause d'observation

Devenir adulte en jouant

Les baleineaux adorent faire des éclaboussements, sauter et plonger. Ils font parfois du périscopisme, ou des pauses d'observation de surface. Autrement dit, ils sortent leur tête de l'eau pour jeter un coup d'œil. Ils apprennent aussi à sortir en brèche, c'est-à-dire à se propulser hors de l'eau en même temps qu'ils respirent. Pour sortir en brèche, ils projettent énergiquement leur corps hors de l'eau et se laissent retomber sur le dos. Ces jeux amusants les préparent à devenir de robustes nageurs.

19

Le premier long voyage

À la fin de l'hiver, le baleineau est prêt pour sa première migration vers les aires de ravitaillement. Comme il a encore besoin du lait de sa mère, il nage près d'elle. Les autres rorquals à bosse se préparent aussi pour le voyage. Ils se lancent dans leur périple à différents moments. Les premiers à délaisser les aires de reproduction sont les femelles qui viennent d'être fécondées. Elles sont suivies par les rorquals **juvéniles**, les jeunes qui n'ont plus besoin de leur mère. Ensuite vient le tour des adultes. Ce sont les mères et leurs petits qui restent le plus longtemps dans les aires de reproduction. Ainsi, les baleineaux ont plus de temps pour se développer.

Le sevrage

Durant son premier été dans les aires de ravitaillement, le baleineau continue de boire du lait, mais il commence également à se nourrir de krill. Le baleineau est sevré entre l'âge de six et huit mois. Il délaisse alors complètement le lait et se nourrit comme les adultes.

Les baleines immatures

Quand un jeune rorqual est sevré, il peut se séparer de sa mère. À ce stade, il n'est plus un baleineau, mais un rorqual immature, ou juvénile. Un rorqual immature n'est pas encore apte à se reproduire.

Jouer avec d'autres baleines

Pendant leur croissance, les jeunes rorquals à bosse jouent ensemble. Les concours enjoués des rorquals juvéniles se transforment en compétitions sérieuses quand les rorquals deviennent adultes.

Prêt à s'accoupler

Pour devenir un adulte, le rorqual à bosse juvénile doit attendre entre quatre et huit ans. Quand il a terminé son développement, le rorqual peut engendrer des petits. Afin de s'accoupler, il voyage vers les aires de reproduction.

Vers les aires de reproduction

Le temps nécessaire aux rorquals pour atteindre les aires de reproduction à partir des aires de ravitaillement est variable. Cela dépend du lieu où ils vivent et de la vitesse à laquelle ils nagent. Le voyage peut durer de deux semaines à trois mois.

Durant la majeure partie de la migration, les rorquals à bosse ne se nourrissent pas. Ils vivent de leurs réserves de graisse jusqu'à huit mois pendant l'année. Quand elle met bas, la femelle perd près de la moitié de son poids.

Certains scientifiques croient que les rorquals à bosse utilisent la moitié de leur cerveau pour nager, pendant que l'autre moitié est au repos. Les dauphins en sont du moins capables. Personne ne sait avec certitude cependant si les baleines se reposent également de cette manière.

Qui arrive en premier ?

Les mères accompagnées de leur baleineau de l'année arrivent en premier aux aires de reproduction. Les rorquals juvéniles arrivent ensuite. Ils sont suivis des adultes mâles et femelles. Les dernières à se présenter sont les femelles sur le point de mettre bas. Ces femelles restent aux aires de ravitaillement le plus longtemps possible. Elles ont besoin d'emmagasiner beaucoup de graisse avant de mettre bas.

La compétition des mâles

Dans les aires de reproduction, le rorqual à bosse femelle ayant un baleineau est souvent accompagné d'une escorte. Autrefois, on croyait que cette escorte était une autre femelle qui aidait la mère à prendre soin de son petit. Les scientifiques ne sont plus de cet avis. Ils croient plutôt que l'escorte est un mâle qui accompagne la femelle en vue de s'accoupler avec elle. Il demeure auprès d'elle pour l'empêcher de s'accoupler avec les autres mâles.

« Gardez vos distances ! »

Les rorquals à bosse se livrent à des acrobaties spectaculaires, comme on le voit ici. Les scientifiques croient que les mâles font ces acrobaties aériennes en vue d'attirer les femelles et de s'accoupler. Parfois, deux mâles ou plus veulent s'accoupler avec la même femelle. Alors, ils se menacent par des chants, des jets de bulles et des sorties en brèche. Les mâles peuvent ensuite devenir encore plus menaçants. Par exemple, ils frappent la surface de l'eau avec leur tête ou avec leur queue. Ils vont même jusqu'à frapper les autres mâles avec la tête. Celui qui réussit à faire fuir son rival devient l'escorte de la femelle. Il nage sous la mère et son petit, comme on le voit à la page ci-contre.

battement de la tête

battement de la queue

coup de tête

sortie en brèche

Le chant des rorquals à bosse

Les rorquals à bosse mâles chantent de longues et complexes mélodies. Ils émettent des stridulations et des cris aigus, des gémissements, des plaintes, des grondements et des ronflements graves. Le rorqual à bosse est la seule baleine à chanter ces mélodies. Il les entonne à plusieurs reprises, pendant plusieurs heures consécutives.

Personne ne sait comment ces baleines arrivent à émettre de tels sons, car elles n'ont pas de cordes vocales. Les scientifiques pensent que les rorquals à bosse chantent en faisant circuler de l'air dans les chambres et les tubes de leur **système respiratoire**. Cependant, l'air ne s'échappe pas de leur corps, et leur gueule reste immobile...

Des chants envoûtants

Le chant du rorqual à bosse est formé de sons qui suivent des modèles particuliers. Il comporte de deux à neuf **thèmes** distincts chantés dans un ordre spécifique. Les thèmes durent environ 15 minutes, puis se répètent. La mélodie complète dure environ une heure.

La composition des chants

Durant les mois de ravitaillement, les mélodies ne changent pas. Toutefois, les chanteurs composent de nouveaux thèmes chaque année dans les aires de reproduction. Ils éliminent les anciens thèmes et ajoutent de nouvelles parties. À la fin de la saison des amours, les mélodies sont assez différentes de ce qu'elles étaient au début. Après quelques années, le répertoire des mélodies est complètement renouvelé.

Divers dialectes

Chaque **population** de rorquals à bosse a son propre répertoire de mélodies. Les chanteurs s'expriment dans leur propre dialecte. Autrement dit, ils ont leur propre version de la mélodie. Les rorquals vivant dans un même secteur chantent dans un dialecte semblable. Ceux des autres secteurs chantent des mélodies différentes.

Le chant des mâles

Les femelles émettent des sons, mais seuls les mâles chantent des mélodies complexes. On entend les rorquals mâles chanter principalement dans les aires de reproduction. Parfois, on les entend durant la migration.

Pourquoi chanter ?

En chantant, le mâle annonce peut-être qu'il est apte à s'accoupler et qu'il en a le désir. Il est possible que les mâles chantent pour attirer les femelles, mais les scientifiques croient que les mélodies sont plutôt des menaces adressées aux autres mâles. Les rorquals qui rivalisent pour s'accoupler chantent pour ne pas se perdre de vue.

Le chant du goûter

Les rorquals à bosse recourent également à un chant pour capturer leurs proies. On a déjà entendu des groupes de rorquals à bosse émettre des sons aigus dans les aires de ravitaillement. Ces « chants » servent à apeurer les poissons et à les pousser à se rassembler en groupes compacts. Quand les poissons sont regroupés, les rorquals les capturent plus facilement.

Les rorquals en danger

Les rorquals à bosse figurent parmi les **espèces menacées**, c'est-à-dire les espèces en danger de disparaître. Quand tous les membres d'une espèce animale sont disparus de la planète, cette espèce est alors éteinte. De nos jours, il ne reste environ que 15 000 à 20 000 rorquals à bosse. Ce nombre est plus élevé qu'il ne l'était il y a quelques années, mais plusieurs menaces pèsent toujours sur les baleines.

La chasse à la baleine

Les humains pratiquent la chasse à la baleine depuis des millénaires. Autrefois, cette activité était plus difficile à pratiquer qu'aujourd'hui. Plusieurs baleines étaient abattues, mais sans exagération. Plus récemment, quand les bateaux et les armes sont devenus des engins puissants, quelques espèces de baleines ont été chassées à l'excès. Elles ont frôlé l'extinction. Les populations mondiales de baleines ont chuté considérablement. C'est pourquoi, en 1986, la Commission baleinière internationale a interdit la chasse commerciale à la baleine. Toutefois, certaines personnes ne respectent pas la loi : elles continuent d'abattre des baleines.

Quelques pays jugent que l'on devrait cesser d'interdire la chasse de certaines espèces de baleines. Les scientifiques ne partagent pas cet avis. Ils croient que l'interdiction est toujours nécessaire.

La pollution par le bruit

Les baleines sont très sensibles aux bruits. L'une des plus récentes menaces pour les baleines est la pollution par le bruit. Les sons étranges ou retentissants émis dans l'eau rendent les baleines confuses. Ces sons peuvent leur causer des blessures graves.

Des sons dangereux

Le sonar sert à repérer des objets sous l'eau. Cet appareil envoie des sons sous forme de vibrations. Les ondes sonores rebondissent sur les objets et retournent à l'appareil. Le temps nécessaire aux ondes pour accomplir leur voyage indique la distance à laquelle se trouve l'objet. Certains sonars, comme le Système Sonar Actif à basse fréquence (dont l'acronyme anglais est LFAS), émettent des sons puissants extrêmement dangereux pour tous les cétacés. Durant les essais du sonar LFAS, plusieurs baleines se sont échouées sur les rivages. Leurs oreilles, leurs poumons et leur cerveau étaient endommagés.

Écris des lettres

Pour venir en aide aux rorquals, tu peux faire plusieurs gestes ! Tu peux prendre part à une campagne d'envoi de lettres dénonçant les pratiques dangereuses qui causent des dommages aux rorquals, comme l'utilisation des sonars LFAS. Un bon moyen de faire changer les choses est d'exprimer ton opinion aux représentants du gouvernement.

Implique-toi !

Savais-tu que les pressions exercées par des enfants ont contribué à la remise en liberté de l'épaulard Keiko, la vedette du film *Mon ami Willy* ?

Tu peux toi aussi t'impliquer dans des groupes de défense pour venir en aide à toutes les espèces de baleines.

Renseigne-toi !

Il existe plusieurs sites Internet intéressants au sujet des baleines et des personnes qui luttent pour leur protection. Écris le mot « baleine » ou « rorqual » dans la fenêtre d'un moteur de recherche. Tu verras apparaître des sites qui traitent de ces merveilleux mammifères marins.

(ci-dessus) Plusieurs baleines restent emprisonnées dans des filets de pêche. Cette baleine grise échouée sur la plage a essayé de se libérer du filet, mais elle est morte.

Pour l'amour des baleines

Observer les observateurs

Les baleines vivent sur la Terre depuis bien plus longtemps que les humains. Peux-tu imaginer un monde sans leur présence ? Sans elles, la nature serait beaucoup moins belle ! Voir une baleine est l'une des expériences les plus excitantes que l'on puisse imaginer ! Certaines baleines semblent aussi prendre plaisir à observer les gens. Elles s'approchent parfois des bateaux d'observation pour jeter un coup d'œil sur les personnes qui les observent.

Admirons les baleines !

Essaie de découvrir le plus de choses que tu peux au sujet des baleines. Ensuite, dresse une liste des raisons qui te font éprouver de l'admiration pour ces animaux.

Des dessins d'espoir !

Imagine un futur heureux et rempli de quiétude pour les baleines. Dessine des rorquals à bosse qui chantent et des dauphins qui dansent dans un océan sans pollution, où il n'y a ni bruits ni chasseurs de baleine ! Expose tes œuvres d'art où d'autres personnes pourront les admirer. Tes créations leur rappelleront de penser aux baleines.

La mélodie des rorquals

As-tu déjà entendu un rorqual à bosse chanter ? Demande à un adulte de t'aider à trouver des disques compacts contenant des chants de rorquals à bosse. Écris ensuite une chanson inspirée de ces chants.

De fabuleux rorquals !

Lors d'un récent voyage à Hawaï, ma coauteure Karuna, une amie nommée Ginny Walden et moi-même avons pris part à une croisière d'observation de baleines. Nous étions très déçues, car après plusieurs heures, nous n'avions toujours pas vu de rorquals. Le capitaine du navire a alors placé un **hydrophone** dans l'eau. Ainsi, nous avons entendu le chant des rorquals à bosse même si nous ne pouvions pas les voir. En écoutant ces magnifiques chants, nous avons été si inspirées que nous avons à notre tour chanté une mélodie aux rorquals. Ginny nous a appris une chanson intitulée « Fabuleux rorquals ». Quelques minutes après avoir entamé notre mélodie, nous avons soudainement aperçu trois rorquals nageant derrière le bateau. Ils ont ensuite plongé sous le bateau et sont réapparus tout près, juste devant nous. Avant de repartir, ils ont soulevé leur immense nageoire caudale, comme pour nous dire « Belle mélodie ! » Fabuleux rorquals !

Fabuleux rorquals
Nous voyons l'arc élégant de votre queue
S'élevant au-dessus de l'océan chatoyant et lumineux.
Nous vous envoyons de l'amour et de l'apaisement.
Nous sommes tous parents !

Glossaire

accoupler (s')   S'unir avec un partenaire en vue de procréer

aires de ravitaillement   Eaux glaciales de l'océan où les rorquals vivent et se nourrissent

aires de reproduction   Eaux tièdes de l'océan où les rorquals s'accouplent et donnent naissance à leurs petits

cétacés   Groupe de mammifères marins dépourvus de poils, possédant des nageoires pectorales et une nageoire caudale horizontale; ce groupe comprend toutes les baleines

champ magnétique   Courant électrique parcourant la Terre dans son axe nord-sud

espèce   À l'intérieur d'un groupe d'animaux, groupe plus restreint ayant un corps et des mœurs semblables; par exemple, le rorqual à bosse est une espèce de baleine

espèces menacées   Se dit des espèces animales en voie de disparition

glande mammaire   Organe du mammifère femelle servant à produire le lait destiné à nourrir son petit

hydrophone   Instrument utilisé pour écouter les sons dans l'eau

juvénile   Se dit d'un jeune animal qui n'est pas encore un adulte

magnétite   Minerai se trouvant dans le cerveau de certains animaux et qui les aide à s'orienter

migration   Déplacement sur de longues distances à la recherche de nourriture ou d'un meilleur climat

population   Groupe d'individus vivant ensemble dans un lieu spécifique

protéine   Substance contenue dans les cellules des êtres vivants et qui est nécessaire à la croissance

système respiratoire   Système du corps servant à assurer la respiration

thème   Principal sujet d'une composition musicale

vivipare   Se dit d'un bébé animal qui se développe dans le ventre de sa mère et non dans un œuf, et dont le corps est entièrement formé à la naissance

Index